This book belongs to

Date:

Date: ______________

Date: ____________

Date: ____________

Date: ____________

Date: ___________

Date: ____________

Date:

Date: ____________

Date:

Date: ______________

Date: ______________

Date:

Date: ____________

Date:

Date:

Date: ______________

Date:

Date: ________________

Date:

Date:

Date: ____________

Date: ____________

Date: ____________

Date:

Date: ____________________

Date: ________________

Date:

Date: ____________

Date: ____________

Date: ____________

Date:

Date:

Date: ______________

Date: ____________

Date: ______________

Date: ______________

Date:

Date: ______________

Date:

Date: ____________

Date: ______________

Date: ______________

Date: ____________

Date:

Date:

Date: ______________

Date: ____________

Date: ______________

Date:

Date: ______________

Date: ______________

Date:

Date: ______________

Date: ____________

Date:

Date: ______________

Date:

Date:

Date: ____________

Date: ______________

Date: ____________

Date:

Date: ______________

Date: ______________

Date: ____________

Date:

Date: ______________

Date: ___________

Date: ____________

Date: ____________

Date: ______________

Date:

Date: ____________

Date: ____________

Date: ____________

Date:

Date: ____________

Date: ____________

Date: ______________

Date:

Date: ____________

Date: ______________

Date:

Date: ______________

Date: ________________

Date: ______________

Date:

Date: ______________

Date:

Date: ______________

Date:

Date:

Date:

Date: ____________

Date: ____________

Date:

Date:

Date:

Date: ____________

Date: ____________

Date: __________

Date:

Date:

Date:

Date: ____________

Date:

Date:

Date: ____________

Date:

Made in United States
Orlando, FL
02 November 2021

10175855R00066